Ehrhardt Heinold

Ardäppelsupp und Zwiebelquark

Die schönsten Rezepte aus dem Erzgebirge

Fotografiert von Günter Pump

Husum

Um Wiederholungen zu vermeiden, sind nicht bei allen Gerichten Beilagenrezepte (z. B. für Klöße oder Rotkohl) angegeben. Diese lassen sich bei anderen Gerichten finden. Die Rezepte sind, wenn nicht anders angegeben, für **vier** Personen berechnet. Alle Rezepte und Tipps sind mit Sorgfalt ausgewählt und geprüft. Eine Haftung des Verlages und seiner Beauftragten für alle erdenklichen Schäden an Personen, Sach- und Vermögensgegenständen ist ausgeschlossen.

Bibliografische Information Der Deutschen Bibliothek

Die Deutsche Bibliothek verzeichnet diese Publikation in der Deutschen Nationalbibliografie, detaillierte bibliografische Daten sind im Internet über http://dnb.ddb.de abrufbar.

© 2006 by Husum Druck- und Verlagsgesellschaft mbH u. Co. KG,
    Husum
Gesamtherstellung: Husum Druck- und Verlagsgesellschaft
Postfach 1480, D-25804 Husum – www.verlagsgruppe.de
ISBN 3-89876-261-0

Inhaltsverzeichnis

Kartoffeln gedeihen im Erzgebirge gut. Ihre ursprüngliche Heimat ist ebenfalls ein Gebirge: Um 1537/38 berichteten spanische Konquistadoren aus den südamerikanischen Hochanden zum ersten Mal von den nahrhaften Knollen und importierten sie nach Europa. Im Erzgebirge sind sie bereits um 1750 bekannt. Nach den Hungerjahren von 1771/72 wurden sie rasch zum Hauptnahrungsmittel. Noch heute bietet die erzgebirgische Küche eine Fülle von Kartoffelgerichten.

Kartoffelsuppe

Ardäppelsupp mit Blutwurscht oder Wiener Würstchen

Für vier Personen als Hauptgang oder acht Personen als Vorsuppe.

1 kg Kartoffeln, 2 l Brühe, 100 g durchwachsenen Speck, 20 g Mehl zum Binden, 100 g Möhren, 100 g Sellerie, 200 g Zwiebeln, 1 Strauß Petersilie, 400 g Blutwurst (oder 8 Wiener Würstchen), Salz, Pfeffer und Majoran.

Möhren, Sellerie, Zwiebeln und Speck in kleine Würfel schneiden und anschwitzen, mit etwas Mehl bestäuben, mit der Brühe auffüllen und durchkochen.
Die Kartoffeln schälen, getrennt garen, durch eine Presse drücken und zur Suppe geben. Alles zusammen aufkochen, bis die Suppe sämig ist. Mit Pfeffer, Salz und Majoran abschmecken. Die Blutwurst in Scheiben schneiden und kurz anbraten. (Die Würstchen erhitzen, evtl. klein schneiden.)
Die Kartoffelsuppe auf Teller verteilen und die Blutwurst (Würstchen) als Einlage dazugeben, mit Petersilie oder einem Zweig Majoran garnieren.

So wird's gekocht im Flair Hotel „Seiffener Hof", Seiffen

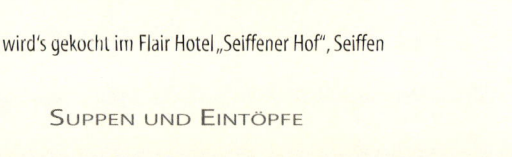

Die Zudelsupp ist eines der für das Erzgebirge typischen sehr einfachen Gerichte. Sie ist schnell zubereitet, z. B. wenn überraschend Gäste kommen, und hat sich auch in Notzeiten bewährt. „Zudel" kommt wohl von „Zotteln". „Pfannenzudel" heißt bei Moritz Spieß 1862 in seinem Bericht „Aberglauben, Sitten und Gebräuche des sächsischen Obererzgebirges" ein Gebäck aus geriebenen Kartoffeln, Mehl und Milch.

KARTOFFELSUPPE AUS ROHEN KARTOFFELN

Arzgebirgische Zudelsupp

Als Vorsuppe für sechs Personen

1,5 l Fleischbrühe (gekörnte Brühe tut's auch), 1 Möhre, 3 große rohe Kartoffeln, 100 g gekochter Schinken, 1 große Zwiebel, Pfeffer, Salz, Majoran.

Die Kartoffeln und die Möhre in die fertige heiße Brühe reiben. Zwiebeln und Schinken leicht anbraten und mit in die Brühe geben. Ca. 10 Minuten kochen, mit Salz, Pfeffer und Majoran abschmecken.
Auch als Eintopf sehr schmackhaft, eventuell mit Wiener Würstchen reichen. Nur mit etwas Petersilie garnieren.

So wird's gekocht in der Gaststätte & Pension „Waldfrieden", Aue.

Die Hecken- oder Hundsrose (Rosa canina) ist in der nördlichen gemäßigten Zone und damit auch im Erzgebirge verbreitet. Der krugförmige Blütenboden reift im Herbst zur leuchtend roten Hagebutte. Aus ihr lassen sich Kompott, Marmelade, Gelee, Tee, Wein, Likör und eine vorzügliche Suppe bereiten.

HAGEBUTTENSUPPE
Hanebuttnsupp

Ergibt fünf Portionen

1 l Wasser, 25 g getrocknete Hagebutten, 1 kleines Stück Zimtrinde, 1 bis 2 Nelken, etwas Zucker, ca. 35 g Puddingpulver Vanille, 1 Prise Salz, abgeriebene Zitronenschale, Orangen- und Zitronensaft zum Verfeinern.
Toastbrot, 10 g Butter.

Hagebuttenschalen in etwa der Hälfte des Wassers ca. $^3/_4$ Std. kochen. Danach Flüssigkeit auf 1 Liter ergänzen und alles durch ein Sieb streichen. Gewürze dazugeben, zum Kochen bringen und mit dem in etwas Wasser angerührten Puddingpulver abziehen. Nicht zu dick! Abschmecken mit Zucker, Orangen- und Zitronensaft.
Die Croutons werden aus Toastbrotscheiben ausgestochen und in Butter gebräunt. Unmittelbar vor dem Servieren werden etwa 2 EL schöne knusprige Buttercroutons in die Mitte der Suppe gegeben.

So wird's gekocht im Hotel „Waldesruh", Lengefeld.

Im Erzgebirge wird der Holunner oder Hulanner auf der ersten Silbe betont. Gemeint ist damit der schwarze Holunder (Sambucus nigra), der in allen Lagen gedeiht. Die Blüten werden für Fliedertee, Sirup, aber auch für Holunderküchlein genutzt; die Beeren werden zu Marmelade, Schnaps, Wein oder zu einer süßen Suppe verarbeitet.

HOLUNDERSUPPE

Holundersuppe mit Buttercroutons

375 g Holunderbeeren, 1 l Wasser, $^1/_2$ Zitrone, 20 g Stärkemehl, 75 g Zucker, 1 Eiweiß, Toastbrot nach Bedarf.

Die gewaschenen Holunderbeeren mit einer Gabel von den Stielen streifen und zerdrücken. Mit knapp 1 l Wasser und 1 Stück Zitronenschale kochen, alles durch ein feines Sieb gießen und den so gewonnenen Saft wieder zum Kochen bringen, mit dem kalt angequirlten Stärkemehl binden, zuckern und mit Zitronensaft oder aufgelöster Weinsteinsäure abschmecken. Die Zugabe von einem Schuss Rotwein oder Apfelwein verfeinert die Suppe.
Als Suppeneinlage werden Buttercroutons serviert. Oder Sie krönen das Gericht mit Eiweißklößchen. Dazu ein sauber getrenntes Eiweiß mit Zucker steifschlagen, Klößchen mit dem Löffel abstechen, in Wasser kochen und auf die Suppe geben.

So wird's gekocht im Landhotel „Trakehnerhof", Großwaltersdorf.

Die Linse ist eine alte Kulturpflanze aus dem Orient. Im Gegensatz zu anderen Hülsenfrüchten wie Erbsen und Bohnen wird sie im Erzgebirge nicht im eigenen Garten angebaut. Bratwürste gehörten traditionell zu den Festspeisen, wenn Bergleute zusammensaßen und feierten, etwa zum Bergfest oder der weihnachtlichen Mettenschicht.

Linseneintopf mit Bratwurst

Linsentopp mit Brotwurscht

500 g Linsen, 100 g Bauchspeck, 1 große Zwiebel, 2 l Brühe, Essig, Salz, Pfeffer, Zucker, pro Person 1 Bratwurst.
Mehlschwitze aus 30 g Fett und 20 g Mehl.

Die Linsen in einem Liter Brühe mit Salz und Pfeffer ca. 1 Stunde kochen. Danach mit Essig und Zucker süßsauer abschmecken. Den Bauchspeck und die Zwiebel in kleine Würfel schneiden, separat mit der Zwiebel goldbraun anschwitzen, dann zu den fertig gekochten Linsen geben. Zum Schluss die Linsen mit brauner Mehlschwitze abbinden. Die Bratwürste goldbraun braten.
Die Linsen werden in einer rustikalen Suppenschüssel serviert, obenauf gibt man die ganze Bratwurst.

So wird's gekocht in der „Anton-Günther-Schenke",
Thermalbad Wiesenbad/OT Schönfeld.

Schwämme heißen im Erzgebirge allgemein die Pilze. In den Wäldern finden sich u. a. Ziegenbart oder Hasenöhrlein, Röstlinge oder Reißzer, Morcheln, Hallimasch, Pfifferlinge, Butterpilze, Maronenpilze, Birkenpilze und Steinpilze. Die Schwamme-gieher bringen sie in Körben nach Hause. Kerbel kann als Wiesenkerbel gesammelt oder als Gartenkerbel angebaut werden.

PILZSUPPE

Schwammesupp mit äh bissl' Kerbel

500 g frische Mischpilze, 1 l gut gewürzte Fleischbrühe, gehackte Petersilie, 60 bis 80 g Mehl, 2 Eigelb, 100 ml Sahne, 100 g Semmelbrot oder Brötchen, 100 g Butter, gehackter Kerbel.

Die frischen Pilze (Steinpilze, Champignons oder Mischpilze) putzen, waschen und in Scheiben schneiden. Mit ein wenig Butter in einer dafür vorgesehenen Kasserolle dünsten, mit Mehl anstäuben, mit der Fleischbrühe aufgießen und ca. 20 Min. langsam kochen lassen. Eigelb und Sahne verrühren und in die nicht mehr kochende Suppe einrühren. Mit weißem Pfeffer, Petersilie, Kerbel verfeinern und geröstete Semmelstücke dazugeben.

So wird's gekocht im Landgasthof „Fürstenwalde", Fürstenwalde.

In kargen Zeiten wusste man sogar die harten Brotkanten zu einem schmackhaften Gericht zu verarbeiten. Besonders im Herbst, wenn die frischen Pilze im Wald wachsen, wird auch heute noch ein richtiges „Schlemmermahl" daraus.

BROTKLÖSSE
Brotkließ mit Schwamme

Für die Brotkließ: 10 altbackene Brötchen oder 500 g Weißbrot; 250 ml Milch; 2 Eier; Salz; Muskat.

Für die Schwamme: 1,5 kg frische oder 375 g getrocknete Pilze (Steinpilze, Butterpilze, Maronen, Pfifferlinge), 80 g Speck, 2 Zwiebeln, 1 Tasse Fleischbrühe, 1–2 EL Mehl, Salz, Pfeffer, Petersilie.

Getrocknete Pilze am Vorabend einweichen; frische Pilze kurz waschen, putzen und klein schneiden. Den Speck in kleine Würfel schneiden und glasig andünsten. Die Zwiebel fein schneiden und zum Speck geben. Beides leicht anrösten lassen. Dann die Pilze (bei getrockneten auch das Einweichwasser) und die Fleischbrühe zufügen. Die Pilze im geschlossenen Topf langsam weich dünsten. Mehl in wenig kaltem Wasser anrühren und zum Pilzgemüse geben. Alles noch einmal kurz aufkochen lassen, vom Herd nehmen und mit Salz und Pfeffer abschmecken. Zum Schluss die gehackte Petersilie untermischen.

Für die Klöße Brot oder Brötchen in Würfel schneiden und mit der kochenden Milch übergießen. Dann die Masse mit den Eiern vermengen. Salz und Muskat zufügen und alles zu einem Kloßteig verarbeiten. Reichlich Salzwasser zum Kochen bringen, mit nassen Händen Klöße formen und vorsichtig in das siedende Wasser geben, bei geringer Hitze ca. 15 Minuten gar ziehen lassen. Mit einem Schaumlöffel aus dem Wasser nehmen, abtropfen und erkalten lassen. In Scheiben schneiden und in Butter braten. Das Pilzgemüse auf den Kloßscheiben anrichten. Mit frischer Petersilie und einer Tomatenecke servieren.

So wird's gekocht im Flair Hotel „Seiffener Hof", Seiffen.

Getzen in allen Formen sind eine Lieblingsspeise der Erzgebirger. Es handelt sich keineswegs um eine den Götzen dargebrachte Opferspeise. Das Wort ist mit den Begriffen atzen, ätzen und ergötzen verwandt. Früher eine Hauptspeise, werden Getzen heute als eine Vorspeise oder Beilage, in süßer Form als Hauptgericht oder Nachspeise serviert.

KARTOFFELKÜCHLEIN
Buttermilchgetzen mit Kasselerstreifen

400 g Kartoffeln, 125 ml Buttermilch, 2 Eier, 1 mittelgroße Zwiebel, 100 g magerer Schinkenspeck, 50 g Kasselerkamm, 50 g Gemüsestreifen (Karotten, Lauch oder Zuckerschoten, Fenchel und Sellerie gehen auch), 60 g geriebener Käse, 1 EL Öl, Salz und Pfeffer.
125 ml Buttermilch.

Kartoffeln waschen, schälen und fein reiben.
Geriebene Kartoffeln durch ein Tuch drücken und die abgesetzte Stärke aus der Flüssigkeit der Kartoffel mit den Eiern und der Buttermilch in einer Schüssel gut verrühren. Zwiebel und Speck fein würfeln und zur Masse dazugeben, nochmals gut mischen und nach Belieben mit Salz und Pfeffer würzen.
Die Masse zu kleinen Küchlein formen und in Öl ausbraten, von beiden Seiten je zwei Minuten.
Die Getzen auf ein Blech geben, Kasselerstreifen und Gemüse in der Pfanne kurz anbraten und auf den Getzen verteilen, mit Käse bestreuen.
Das Blech in die auf 200 Grad vorgeheizte Backröhre geben und 10 bis 15 Minuten backen, bis der Käse eine schöne Farbe annimmt. Mit frischen Kräutern bestreuen und mit Kräuterquark reichen.

So wird's gekocht im Hotel „Roß", Zwönitz.

Grüne Klöße sind in Franken, in Thüringen, im Vogtland und im Erzgebirge zu Hause. „Grün" heißen sie, weil sie aus rohen Kartoffeln zubereitet werden. Mundartlich treten sie im Westerzgebirge auch als „griegeniffte Kliis" auf, was auf niffeln oder niffen für reiben, schaben zurückzuführen ist. Dass die Erzgebirger Pilze in jeder Zubereitungsart verzehren und ihre Würzkraft zu schätzen wissen, bedarf in dieser waldreichen Landschaft keiner Erläuterung.

Grüne Klöße und Waldpilzsoße

Klöße (10 bis 12 Stck.): 3 kg große, mehligkochende Kartoffeln, 2 Brötchen vom Vortag, 3 EL Butter, Salz, Muskat, 1 Tasse Milch.
Pilzsoße: 500 g Mischpilze, 80 g Mehl, 1 Zwiebel, etwas Kümmel, Pfeffer, Salz.
(Rechnen Sie mit 1 bis 2 Klößen pro Person; die angegebene Menge reicht für eine Groß-familie oder als Gästeessen.)

Klöße: 1 kg Kartoffeln kochen, abgießen und sofort durch eine Handpresse drücken. Die restlichen Kartoffeln schälen und mit einer Küchenmaschine reiben. Brötchen zu Croutons schneiden und mit Butter goldgelb im Tiegel braten. Die geriebenen Kartoffeln durch ein Tuch fest ausdrücken. Die Mas-se mit den Fingern lockern, die gekochten Kartoffeln, Muskat und Salz dazugeben und mit 1 Tasse kochender Milch übergießen (brühen). Mit einem Löffel den Teig kräftig rühren, bis er sich bindet. Der Teig soll zäh-geschmeidig sein. Klöße rollen, Croutons hineindrücken und die Kloßmasse aus der Hand in kochendes Salzwasser gleiten lassen. Klöße kurz aufkochen, dann 10 Min. ziehen lassen.
Pilze: Zwiebel mit Butter glasig braten, etwas gemahlenen Kümmel dazu, die Pilze putzen, schnei-den und hinzufügen, mit Pfeffer und Salz würzen, 2 Tassen Gemüsebrühe hineingeben. Etwa 10 Minuten köcheln lassen, Mehl bräunen, mit kaltem Wasser anrühren und untergeben. Aufkochen lassen – fertig.
Etwas Knoblauch, den Pilzen beigegeben, macht sie schön herzhaft. Garniert wird mit reichlich Pe-tersilie, dazu reicht man einen kleinen Salat.

So wird's gekocht im Berggasthof „Neues Haus", Kurort Oberwiesenthal.

Die berühmten „Raacher Maad" oder auch „Nackete Maad" sind sprachlich ungeklärten Ursprungs, vielleicht hervorgegangen aus dem Wort „Märte" für Eingebrocktes in Milch, Most oder Kofant, dem früher im Erzgebirge weit verbreiteten leichten, dünnen Bier. Es handelt sich um gequetschte oder geriebene, vorwiegend fettarm gebackene gekochte Kartoffeln, ohne weitere Zutaten („nacket").

LEINÖL-KARTOFFELPFANNE

Raacher Maad oder Backs = Rauchendes Mädchen

1500 g Kartoffeln, Salz, Leinöl, Butter, als Beilage frisches Brot.

Vorwiegend festkochende Kartoffeln als Pellkartoffeln kochen, kalt werden lassen, schälen und kalt fein reiben.

Pfanne mit Leinöl vorwärmen, geriebene Kartoffeln in die Pfanne tun und mit der Gabel fest andrücken, mit Salz würzen. Wenn alles etwas Farbe gezogen hat, über einer Stürze (Topfdeckel) wenden. Nach dem Wenden etwas Margarine in die Pfanne zugeben.

Mit einem Stück Butter servieren. Gut machen sich dazu Kakao und frisches Brot, um den Backs als Brotaufstrich zu essen.

So wird's gekocht im Hotel & Gasthof „Zur Linde", Amtsberg OT Weißbach.

Unter Klitscher verstand man ursprünglich zerquetschte Kartoffeln, in der Pfanne oder als Röhrnklitscher in der Ofenröhre gebacken. Im folgenden Gericht werden Klitscher aus rohen Kartoffeln bereitet, entsprechen also den hochdeutschen Reibekuchen, mit Sauerkraut vermischt.

SAUERKRAUT-REIBEKUCHEN

Saure Ardäppel-klitscher un allerlei Salat

2 kg Kartoffeln, 500 g frisches Sauerkraut, 2 Eier, 200 g Kasselerbraten oder 2 Stück mittlere Knackwürste, ein wenig Pfeffer und ein wenig Majoran.

Kartoffeln schälen, zügig grob reiben und durch ein sauberes Geschirrtuch oder Passiertuch ausdrücken. Das Sauerkraut abspülen und ebenfalls ausdrücken, danach mit der geriebenen Kartoffelmasse vermengen. Ein wenig Pfeffer, Majoran und die Eier untermengen. Die Knackwurst oder Kasseler in nicht zu große Stücke schneiden, kurz anbraten und mit der Kartoffelmasse vermengen. Handtellergroße Plätzen formen und in der Pfanne oder Friteuse goldgelb backen.
Servieren Sie diese Speise auf Salatrand mit einer frischen Blüte der Kapuzinerkresse.

So wird's gekocht im Hotel & Gasthof „Rotgiesserhaus", Kurort Oberwiesenthal.

Der Sauwald liegt zwischen Zschopau und Sehma. Bis Ende des 18. Jahrhunderts wurden hier in einem Saufang Wildschweine eingesperrt, bis man sie vor die herrschaftlichen Jäger treiben konnte. Mit „Schwammegiehn" hielten sich die großen Herren gewiss nicht auf, um somehr waren die „kleinen Leute" darauf angewiesen. Heute isst man gerne auch fleischlos. Bis weit ins 20. Jahrhundert hinein war vegetarisch schon deswegen angesagt, weil nur wenige sich den Luxus eines Fleischgerichtes leisten konnten.

Pilztopf
Sauwaldpilztopf

1 kg gemischte Waldpilze, 1 mittelgroße Zwiebel, Salz, Pfeffer, Kümmel gemahlen, Pilzfond (im Fachhandel erhältlich), $^1/_4$ l Sahne, Majoran, 3 bis 4 Kartoffeln je Person.

Zwiebel in Würfel schneiden, im Bratfett mit den Gewürzen anschwitzen, dann Pilze hinzugeben, garen lassen mit etwas Pilzfond, zum Abschluss mit Sahne verfeinern. Mit Petersilienkartoffeln sowie einem Salatbukett aus Tomate und Gurkentulpe servieren.

So wird's gekocht im Waldgasthof & Hotel „Am Sauwald", Tannenberg.

"Runde" sind Pellkartoffeln in der Schale. Sie werden in der einfachsten Form nur mit Leinöl serviert. Zwiebelquark dazu ist schon eine Steigerung, und zusätzlich Butter und Leberwurst eine weitere. Ein erzgebirgischer Klassiker!

KARTOFFELN UND QUARK

Zwiebelquark mit Laberwurscht und runde Ardäppeln

500 g Quark, ca. $\frac{1}{4}$ l Milch, 1 Zwiebel, Salz, Pfeffer, Kümmel, 500 g festkochende Kartoffeln.

Den Quark mit der Milch cremig rühren. Die Zwiebelwürfel und den Kümmel unterrühren und mit Salz und Pfeffer abschmecken. Die Kartoffeln in der Schale kochen und sofort mit den Beilagen servieren.
Kartoffeln, Quark und Leberwurst hübsch auf einem Teller anrichten, nach Belieben ein Stück Butter und zur Dekoration Schnittlauch oder Petersilie dazu.

So wird's gekocht im Landhotel & Gasthof "Günsdorf", Zwönitz/OT Günsdorf.

Mit einigem Geschick ließen sich früher Forellen in den erzgebirgischen Gebirgsbächen sogar mit der Hand fangen. Heute kommen sie aus der oft hauseigenen Zucht – wie bei „Wiesner's Teichwirtschaft". Mit Rotkraut serviert, sind sie eine erzgebirgische Spezialität, wie sie in anderen Regionen nicht zu haben ist.

Forelle

Forelle nach altem Familienrezept

Pro Person 1 Forelle, Panade, Butter, Meerrettich, 500 g Kartoffeln, 750 g Rotkraut, 1 Zwiebel, 1 säuerlicher Apfel, 2 EL Öl oder Schweine- oder Gänseschmalz, $^{1}/_{4}$ l Brühe, Zucker, Essig, Salz.

Das vorbereitete Rotkraut in feine Streifen schneiden oder hobeln. Zwiebel und Apfel in Würfelchen schneiden und in dem erhitzten Öl andünsten. Das Kraut zugeben, gut durchrühren, die kochende Brühe auffüllen. Das Gericht halbweich dünsten, mit Zucker, Essig und Salz abschmecken, fertig dünsten. (Das Rotkraut kann vorgekocht und vor dem Servieren aufgewärmt werden.)
Salzkartoffeln kochen.
Die Forellen vorsichtig ausnehmen und die Kiemen nicht entfernen. So bleibt die empfindliche Schleimhautschicht auf der Fischhaut intakt. Forellen leicht panieren und in der Pfanne anbraten. Im Rohr fertig backen, mit Butter übergossen anrichten, dazu Meerrettich reichen. Die Forelle wird mit Rotkraut und klassischen Salzkartoffeln serviert. Zum Verzehr wird die Haut entlang der sichtbaren Seitenlinie von den Kiemen bis zur Schwanzflosse eingeschnitten, hochgenommen und weggeklappt. Dann das Bauch- und das Rückenfilet von der Seitenlinie ausgehend von den Gräten befreien. Die jetzt freiliegende Rückengräte abheben.

So wird's gekocht im Gasthof „Wiesners Teichwirtschaft", Scheibenberg/OT Brünlas.

Heringssalat ist ein typisch erzgebirgisches Gericht. In vielen Familien ist er noch heute Bestandteil der traditionellen weihnachtlichen Speisenfolge „Neunerlei". Die Kartoffeln, Äpfel, Sellerie und Roten Rüben dazu kommen auch heute noch bei vielen aus dem eigenen Garten.

Hering mit Salaten angerichtet

Harich mit Appelsalat agericht mit Sellerie un Rute Rieb'n, Brut un Salz

Matjeshering, gekochte Kartoffeln, Äpfel, Zwiebeln, Rote Beete, Sellerie (beides frisch), Petersilie, Schnittlauch, Senf, Essig, Zucker, Salz, Pfeffer, Öl, Brot, Gänsefett, Leinöl.

Je Person zwei Matjesheringsfilets. Nehmen Sie für 4 Personen 500 g Kartoffeln sowie je 200 g Rote Beete und Sellerie.

Die Matjesheringsfilets rollen, eventuell mit einem Zahnstocher zusammenstecken. Für den Kartoffelsalat Kartoffeln und Äpfel in kleine Scheiben, Zwiebeln ebenfalls klein schneiden, alles mit Salz, Pfeffer, Zucker, Essig, Senf und Kräutern vermischen. Rote Beete und Sellerie getrennt kochen, jeweils in kleine Scheiben schneiden und mit Salz, Pfeffer, Essig, Zucker und Öl abschmecken.

Kartoffelsalat auf einem großen Teller mittig anrichten, zwei Heringsröllchen, Rote Beete und Selleriesalat nett anordnen. Dazu reicht man kleine Brotecken, die mit Gänsefett bestrichen sind (Salz), dazu wenig Leinöl als Dipp bereitstellen. Mit Petersilie und Gewürzgurkenfächer garnieren.

So wird's gekocht in der Gaststätte und Pension „Zur Erholung", Hohndorf.

Wenn es um Fisch ging, bevorzugten im alten Sachsen die städtischen Oberschichten und der Adel den Süßwasserfisch, vorrangig Karpfen und Hecht. Das „gemeine Volk" verzehrte konservierte Salzwasserfische wie den Hering. So war um 1860 im Erzgebirge Hering mit Kartoffelsalat ein allgemein übliches Wochentagsgericht. In der „Linde" zu Weißbach serviert man den Hering in der Brühe (= Soße) mit Kartoffeln.

Hering und Kartoffeln

Haring un Brie un Ardeppl vu dr Lind

Je Person 1 Salzhering. Je nach Anzahl der Heringe 1 bis 2 Zwiebeln, 1 bis 2 Gewürzgurken, 1 bis 2 Äpfel, 1 bis 2 Möhren, 1 Röhrchen oder Gläschen Kapern, Mayonnaise aus der Tube oder dem Glas je nach Menge der übrigen Zutaten, Zucker, Senf.
Für 4 Personen 500 g mehlig kochende Kartoffeln.

Salzheringe gut wässern und filetieren, Gemüse in Streifen schneiden und mit Mayonnaise, Gurkenbrühe und Kapern vermengen. Mit Zucker und Senf abschmecken. Kartoffeln kochen.
Kartoffeln und die Heringsfilets in der Tunke auf Tellern anrichten und appetitlich garnieren.

So wird's gekocht im Hotel & Gasthof „Zur Linde",
Amtsberg/OT Weißbach.

Die ausgezeichnete Qualität des erzgebirgischen Bieres ist vor allem auf das gute Gebirgswasser zurückzuführen. Glücklicherweise gibt es eine Reihe von kleineren und größeren Privatbrauereien, die die regionale Tradition fortführen. Zu ihnen gehört die Stadtbrauerei Olbernhau, unter deren Biersorten ein dunkles Starkbier ist. Ihm verdankt das Rindsgulasch aus Lengefeld seinen besonderen Geschmack.

RINDSGULASCH MIT DUNKLEM STARKBIER

Bier-Flaasch vu Olbernhaa

750 g Rindfleisch (Gulasch), 4 große Zwiebeln, 2 kleine Tomaten, $^1/_2$ Fl. Olbernhauer Starkbier oder ein anderes, möglichst erzgebirgisches Bier, $^1/_4$ l Brühe, $^1/_8$ l saure Sahne, etwas Stärkemehl zum Binden, 1 EL Schweineschmalz, Salz, Pfeffer.

Gulaschfleisch in Würfel schneiden, salzen, pfeffern, leicht mehlieren, in heißem Schweineschmalz anbraten. Die in Scheiben geschnittenen Zwiebeln mitbraten, dann die 2 Tomaten klein schneiden, dazugeben, kurz mit anrösten, dann mit der Brühe und dem Bier ablöschen, garen, bis das Fleisch weich ist. Etwas Stärke mit der sauren Sahne verquirlen und das Bierfleisch binden.

Dazu passen Knödel oder grüne Klöße, obenauf Semmelbutter (= Semmelbrösel). Mit Feldsalat garnieren.

So wird's gekocht im Hotel „Waldesruh", Lengefeld.

Gänse wurden im alten Erzgebirge in allererster Linie zum Rupfen und Federnschleißen gehalten. Nach einem Vierteljahr – wenn „de Federn treich sei" – werden sie zum ersten Mal, zum zweiten Mal zu Weihnachten beim Schlachten gerupft. Gänsebraten war – neben dem Neunerlei – das typische weihnachtliche Festessen. Darauf verweisen auch die reichlichen Beilagen in unserem Rezept. Übrigens, Sauerkraut als typisch erzgebirgische Beilage kommt schon in der Urfassung des bekannten Heilig-Ohmd-Liedes aus der 1. Hälfte des 19. Jahrhunderts vor, als Weihnachtsgericht zusammen mit Wurst („. . . Ah Wurscht un Sauerkraut").

GÄNSEBRATEN

Gansebrot'n mit Rut- und Sauerkraut, dazu Kließ und Schwamme

1 Gans, Äpfel, Zwiebeln, Beifuß, Salz, Pfeffer, Kümmel, Knoblauch, Maisstärke. 500 g Rotkraut (s. Gulasch). 500 g frisches Sauerkraut, Speck, Salz, Pfeffer, Kümmel, Möhre, Zwiebel. 750 g Kartoffeln mit Waldpilzen, Zwiebeln, Salz, Pfeffer, Kümmel, Petersilie.

Küchenfertige Gans mit Salz, Pfeffer, Kümmel und Knoblauch (wenig) einreiben, mit Äpfeln, Zwiebeln, Beifuß füllen und im Ofen mind. 2 Stunden garen, dabei öfter mit Bratflüssigkeit übergießen – Wasser zufügen. Eine große Pfanne mit Deckel erleichtert die Arbeit und verhindert Verbrennen und Austrocknen. So eine Pfanne hat jeder echte Erzgebirger!
Sauerkraut mit Salz, Zucker, geraspelter Möhre mit Wasser bedeckt 30 Min. kochen. Speck würfeln, auslassen, Zwiebelwürfel zugeben, braten und zum Sauerkraut geben. Mit fein geriebenen Kartoffeln abbinden. Das Sauerkraut muss schön sämig sein.
Klöße: 500 g Kartoffeln reiben und auspressen (sehr kräftig). 250 g Kartoffeln kochen, gar zerstampfen, mit dem Kochwasser über die Pressmasse geben und kräftig unterrühren, salzen.
Die Gans portionieren, zusammen mit den Pilzen auf einem Teller anrichten, Kartoffelklöße, Rot- und Sauerkraut extra in Schüsseln.

So wird's gekocht in der Gaststätte & Pension „Zur Erholung", Hohndorf.

Der (oder das) aus Ungarn stammende Gulasch ist über die österreichische Küche ins Erzgebirge einge-
wandert. Die Kombination mit Waldpilzen ist naheliegend. Der Semmelknödel ist aus Böhmen in unsere
Region gelangt, kein Wunder bei den vielen kulturellen und sonstigen Bemühungen über das Gebirge
hinweg.

Gulasch mit Waldpilzen

Gulasch mit Waldpilzen, dazu Semmelknödel und Rotkohl

500 g Rinderkamm, gemischte Waldpilze (Steinpilze, Maronen, Pfifferlinge usw., frisch,
aus der Büchse oder gefrostet, 2 bis 3 Zwiebeln, edelsüßer Paprika, Kümmel, Pfeffer,
Knoblauch, Schmalz, Tomatenmark.
Für die Knödel: 300 g Mehl, 3 Semmeln, gerieben, 1 Tasse Milch, Hefe, Salz, Zucker.
500 bis 750 g Rotkraut, 2 Äpfel, Gänsefett oder Speck, Zucker, Essig, Salz, Nelken,
Maisstärke, Zwiebel.

Rindfleischwürfel (nicht zu klein) kräftig anbraten, Zwiebeln zugeben, weiterbraten, bei Bedarf
mit Wasser ablöschen. Tomatenmark zugeben, schön braun werden lassen. Würzen und garen,
geschnittene Pilze kurz vor Garende zufügen, mit Mehl abbinden.
Hefeteig herstellen, Teig ruhen lassen, Knödelstangen formen, ruhen lassen. Im kochenden Wasser 10 Min. von beiden Seiten garen – nicht ganz einfach, aber es lohnt den Versuch.
Rotkraut fein schneiden, unter Zugabe von Essig, Zucker und Salz möglichst in Gänsefett mit
den geriebenen Äpfeln und der mit Nelken gespickten Zwiebel garen und wenig abbinden mit
Maisstärke. Soll im eigenen Saft garen und leicht süß schmecken. Zwiebel vor dem Servieren
entfernen.

So wird's gekocht in der Gaststätte & Pension „Zur Erholung", Hohndorf.

Dass der „Stollhos" (Stallhase) auch „Kuhhos" genannt wurde, lässt ahnen, welche Bedeutung ihm am Familientisch zukam. Er wurde gehalten, wenn man kein eigenes Schwein oder keine Ziege herausfüttern konnte. Gekonnt zubereitet, ist Kaninchenbraten auch heute ein Festessen.

Kaninchenbraten mit Rosenkohl und Salzkartoffeln oder Klößen

Küchenfertiges Kaninchen von ca. 1,5 kg, Zwiebeln, Knoblauchzehe, Kümmel, Salz.
500 g frischer Rosenkohl, Speck, Zwiebeln, Salz, Pfeffer, Muskat.

Kaninchen in Stücke von 200 g zerteilen, salzen, pfeffern, wenig Kümmel und eine Knochblauchzehe, Zwiebeln, alles im Ofen in einer Pfanne mit Deckel braten. Bei zartem Fleisch reicht eine Stunde Garzeit. Soße leicht binden und passieren.
Rosenkohl putzen. Speck auslassen, Zwiebelwürfel anbraten, Rosenkohl zugeben, im eigenen Saft (Deckel) leicht garen, mit Salz, Pfeffer und Muskat würzen. Garzeit: 15 Minuten, dann behält der Rosenkohl seine schöne Farbe und Biss. Dazu Salzkartoffeln oder grüne Klöße.
Ein Stück Lauf und ein Stück Rücken mit Rosenkohl und Kartoffeln oder Klößen auf großem Teller servieren. Dazu ein Glas Holunderbeersaft oder Holunderwein.

So wird's gekocht in der Gaststätte & Pension „Zur Erholung", Hohndorf.

Die Rindsroulade gehört zu den klassischen gutbürgerlichen Gerichten. Sie ist zur Kombination mit einem kräftigen Rotkraut und grünen Klößen vorzüglich geeignet. Übrigens ist der rote Kopfkohl jünger als der weiße. Im Erzgebirge gehört er nach wie vor eher zu den Sonntags- als zu den Alltagsspeisen.

RINDSROULADE

Rindsroulad, Rutkraut und griene Kließ

Rouladen: 4 Stück Rinderrouladen, Senf, 1 große Zwiebel, 100 g Speck, Pfeffer, Salz, 1 l Rinderbrühe.

Rotkraut: 1 kl. Kopf Rotkohl, Zwiebel, Speck, Pfeffer, Salz, 1 Lorbeerblatt.

Grüne Klöße: 1 kg rohe Kartoffeln, $1/2$ kg gekochte Kartoffeln, Salz.

Rouladenfleisch mit Senf bestreichen, mit Salz und Pfeffer würzen, mit Zwiebel- und Speckwürfeln füllen, danach fest zu einer Roulade wickeln. Im Bratfett mit restlichen Speck- und Zwiebelwürfeln anbraten, mit Rinderbrühe auffüllen, Soße abbinden.

Rotkraut grob raspeln, zuerst Zwiebel und Speck gewürfelt in der Pfanne anbraten, danach Kohl und Gewürze hineingeben und garen.

Kartoffeln zu Brei reiben, durch ein Leinensäckchen das Wasser ausdrücken, mit Salz würzen und mit $1/2$ l heißem Wasser übergießen, $1/2$ kg fein geriebene gekochte Kartoffeln dazukneten und Klöße in kochendem Wasser 20 Minuten leicht kochen lassen.

Fleisch und Klöße auf einem Teller anrichten, Rotkohl in einer Schüssel servieren.

So wird's gekocht in der „Anton-Günther-Schenke", Thermalbad Wiesenbad/OT Schönfeld.

Sauerbraten wird um 1880 im „Glückauf", der Zeitschrift des Erzgebirgsvereins, als klassisches Erzgebirgsgericht erwähnt. Wie viele Festspeisen kommt der in Essig marinierte Braten in Begleitung von Rotkraut und Klößen auf den Tisch, früher beileibe kein Alltagsgericht, sondern am Donnerstag eingelegt und am Sonntag verzehrt.

Sauerbraten

Sauerbraten nach'm Rezept der Urgroßmutter

1250 g falsches Filet, Öl, 2 EL Tomatenmark, 2 EL Mehl, Rotwein.
Für die Marinade: $^3/_4$ l Wasser, Zwiebel, Möhren, Sellerie, Salz, Pfefferkörner, Piment, Lorbeer, Essig.

Marinade kochen, abkühlen und das Fleisch ca. 24 Std. im Sud ziehen lassen. Das Fleisch aus dem Sud nehmen und mit Öl anbraten, das Tomatenmark zugeben und mit Rotwein ablöschen, damit eine gute Farbe entsteht (dunkelbraun). Alles mit dem Sud aufgießen und dann ca. 2 Std. schmoren. Fleisch herausnehmen und warm stellen, das Mehl mit etwas Wasser verrühren und dem Schmorfond zugeben. Den Fond ca. 20 Min. kochen lassen und mit Salz und Pfeffer abschmecken. Die Soße durchsieben.
Das Fleisch auf Tellern anrichten zusammen mit Rotkohl und Klößen. Semmelbutter (=Semmelbrösel) über die Klöße gießen und mit Petersilie garnieren.

So wird's gekocht im Landgasthof „Fürstenwalde", Fürstenwalde.

Im alten Erzgebirge war die Schweinehaltung für den Hausbedarf und für den Verkauf weit verbreitet und galt als „wesentlicher Bestandteil der ländlichen Wirtschaftsweise" (von Süßmilch-Hörnig, Das Erzgebirge, 1889), wenn auch zusätzlich größere Mengen Schweine vornehmlich aus Nordostdeutschland importiert werden mussten. Die in der Region so beliebte Leberwurst mit einem Schweinesteak zu kombinieren, ist eine neuere, durchaus originelle Idee.

SCHWEINESTEAK MIT LEBERWURST ÜBERBACKEN
Schmierwurschtsteak

4 Stück Schweinesteak, 300 g Leberwurst „Hausmacher Art", Pfeffer, Salz, Kräuter. 500 g Kartoffeln.

Steaks würzen und beidseitig anbraten. Leberwurst mit Kräutern mischen und auf das Steak geben, unter dem Grill gratinieren.
Dazu kann man Petersilienkartoffeln oder deftige Röstkartoffeln servieren. Als Beilage empfehlen wir einen Blattsalat mit hausgemachtem Dressing.

So wird's gekocht im Waldgasthof & Hotel „Am Sauwald", Tannenberg.

Auch wenn viele Hausschweine gehalten wurden, so war doch Schweinefleisch im alten Erzgebirge eher ein Gericht für Ausnahmetage. Darauf weisen auch Klöße und Sauerkraut als Begleiter hin. Pilz-Speck-Soße und Grillwürstchen sind Beilagen, die heutzutage das Mahl abrunden, wenn sich der Schnitzer einmal etwas Besonderes leisten will.

SCHWEINESTEAK, REICH GARNIERT
Schnitzerschmaus

4 Schweinesteaks vom Kamm oder Rücken à 180 g, 250 g Sauerkraut fertig gekocht, 4 Wiener Würstchen, 4 kalte Kartoffelklöße, Champignons, $\frac{1}{4}$ l braune Sauce, 100 g Speckwürfel, Salz, Pfeffer, Kümmel, Öl.

Champignons mit den Speckwürfeln anbraten und zu der braunen Sauce geben. Durchkochen lassen. Die Steaks würzen und braten. Das Sauerkraut erhitzen, die Wiener halbieren und kurz mit den Steaks mitbraten. Die Klöße in Scheiben schneiden und in einer Pfanne von beiden Seiten goldgelb bräunen. Mit ein wenig Kümmel bestreuen.
Die Steaks mit Sauerkraut belegen. Mit der Champignon-Sauce nappieren (= überziehen) und die Würstchen anlegen. Die Kloßscheiben im Rund auf den Teller geben. Mit Tomatenvierteln und Petersilie garnieren.

So wird's gekocht im Flair Hotel „Seiffener Hof", Seiffen.

"Schöps" für Hammel ist slawischen Ursprungs. Das Wort bezeichnete ursprünglich einen verschnittenen Schafbock. Möglicherweise ist es aus dem Tschechischen in unsere Region gekommen, denn es findet sich nur im sächsischen und bayrischen Grenzraum. Die Bohnen wachsen im eigenen Garten und die grünen Klöße verweisen auf Sonn- und Feiertagsessen. Infolge der intensiven Schafhaltung durch den Landesherrn, den Adel und bäuerliche Betriebe war die Versorgung leidlich, wenn auch Schafe aus anderen sächsischen Regionen ins Erzgebirge importiert werden mussten.

Lammfleisch, Bohnen, Klösse

Schöpsenflaasch mit Buhne un grüne Kließ

1 kg Schafskeule, 2 Knoblauchzehen, Salz, Pfeffer, Röstgemüse, Bratfett, 1 kg nicht so große Bohnen, 50 g Bauchspeck, Klöße.

Die Schafskeule in Bratstücke teilen, Salz, Pfeffer und zerdrückten Knoblauch mischen, mit dem Röstgemüse stark anbraten, Brühe hinzugeben und garen. Bohnen blanchieren (= kurz brühen), in kleinen Bündeln mit Bauchspeck umwickeln und in Butter dünsten. Mit einem Thymianzweig garnieren.

So wird's gekocht im Waldgasthof & Hotel „Am Sauwald", Tannenberg.

Wellfleisch ist ein in siedendem Wasser aufgekochtes Fleisch vom frisch geschlachteten Schwein. Sauschlachten war im alten Erzgebirge ein besonderer Tag, im westlichen Teil „Krummbaa" nach dem gekrümmten Holz genannt, an dem das geschlachtete Schwein an den Hinterbeinen aufgehängt wird. Zu dem relativ fetten Essen gehört ein Verdauungsschnaps wie der über das Erzgebirge hinaus bekannte (zuckerfreie) „Lauterbacher Tropfen".

WELLFLEISCH
Wellfleisch mit Sauerkraut und Kartoffeln

1,2 kg Schweinebauch mit Rippen, Gemüse ($\frac{1}{2}$ Möhre, 1 Zwiebel, 1 Stück Porree, $\frac{1}{8}$ Sellerie), Gewürze (Salz, Pfefferkörner, Senfkörner, Lorbeer, 1 Knoblauchzehe), $\frac{1}{2}$ kg frisches Sauerkraut, 3 Kartoffeln, 100 g Räucherspeck, $\frac{1}{2}$ Möhre, 1,2 kg Kartoffeln.

Schweinebauch waschen und Rippen mit einem Messer einritzen, so löst sich der Knochen leichter nach dem Kochen. In kaltem Wasser zum Kochen bringen, abschäumen und jetzt grob geschnittenes Gemüse und Gewürze zugeben, ca. 1 Stunde kochen, Fleisch nicht zu weich kochen. Fett und Schwarte müssen noch etwas Biss haben.
Sauerkraut mit Salz, Zucker, Kümmel, Pfeffer und geraspelter Möhre gut bedeckt in der Brühe vom Wellfleisch 30 Minuten kochen. Das Kraut mit fein geriebenen Kartoffeln schön sämig abbinden, zum Schluss den gewürfelten und knusprig ausgelassenen Speck unterziehen.
Kartoffeln schälen und mit Salz und Kümmel kochen.
Vom Schweinebauch die Rippen entfernen und Fleisch in nicht zu dünne Scheiben (2 cm stark) schneiden. Kartoffeln auf großen Tellern anrichten, viel Sauerkraut daneben und 3 Scheiben Fleisch halb auf das Sauerkraut legen, jetzt ein wenig Brühe und reichlich Majoran darübergeben, Kartoffeln mit gehackter Petersilie bestreuen und mit drei Feldsalatrosetten garnieren. Dazu reicht man Senf und Meerettich. Ein dunkles Bockbier eignet sich hervorragend dazu und hinterher natürlich ein „Lauterbacher".

So wird's gekocht in der Gaststätte und Pension „Zur Erholung", Hohndorf.

Wie man Hasen fängt und zubereitet, war jedem Erzgebirger bekannt, der als Treiber auf einer Jagd dabei war. Und nicht nur der Stülpner-Karl trat als Wildschütz auf. Und so mag mancher Sonntig-Brotn auf nicht ganz legale Weise in die Röhre gelangt sein. Im Hotel Waldesruh in Lengefeld kommt diese erzgebirgische Spezialität selbstverständlich streng im Rahmen der Gesetze auf den Tisch.

WILDHASENKEULENBRATEN VON OBERWIESENTHAL
Sonntig-Brotn vo O'thal

4 Hasenkeulen, Salz, Pfeffer, 1 EL Schweineschmalz, 1 Lorbeerblatt, 2 Nelken, 6 Wacholderbeeren, Thymian, Möhre und Zwiebel, 1 Schuss Rotwein, 2 EL saure Sahne, 1 EL Johannisbeer-
gelee (schwarz) oder Preiselbeergelee, Stockschwämmchen und Heidel- oder Preiselbeeren
zum Bestreuen.
Für die Klöße: 750 g Kartoffeln, 100 g Weizenmehl, 50 g Kartoffelmehl, Salz, Muskat,
30 g Butter, 1 Ei, Semmelbrösel (Schinkenspeckstreifen für Speckknödel).

Hasenkeulen salzen, pfeffern, von allen Seiten im heißen Fett braun braten, Möhren- und Zwiebelwürfel
zum Anrösten dazugeben, zerstoßene Gewürze zufügen, mit Rotwein ablöschen, etwas Brühe beifügen
und garen lassen. Zum Schluss die Soße mit der sauren Sahne und dem Preiselbeergelee abschmecken.
Die gekochten, geriebenen Kartoffeln mit Mehl, Salz, Muskat, 20 g Butter und dem gequirlten Ei zu
einem Teig verarbeiten. Auf bemehltem Brett etwa $\frac{1}{2}$ cm dick ausrollen, mit der restlichen Butter bestreichen, mit Semmelbröseln bestreuen. Schmale Streifen abschneiden, zusammenrollen, zudrücken und in
gefetteter Pfanne braten oder auf dem Blech in der Röhre backen. Für gekochte Wickelklöße handgroße
Stücke schneiden, rollen, fest zudrücken, in siedendes Salzwasser legen, 5 Minuten kochen und 10 bis 15
Minuten ziehen lassen. Für Speckklöße den angebratenen Schinkenspeck in die Klöße einrollen.
Die mit Soße überzogene Keule wird mit Stockschwämmchen, Heidel- und Preiselbeeren bestreut und
mit Feldsalat garniert. Als Gemüse ist Speckrosenkohl oder Rotkohl geeignet.
Oben auf das Gemüse kann ein Apfelbeignet (= Apfelkrapfen) gelegt werden. Dafür würzige Äpfel schä-
len, in Scheiben schneiden, die Apfelscheiben mit Rum und Zucker aromatisieren, durch Backteig ziehen
und in Fett schwimmend backen.

So wird's gekocht im Hotel „Waldesruh", Lengefeld.

Die Familie der Hirsche umfasst u. a. Elch, Ren, Reh sowie Dam- und Rothirsch. Als Hirsch im gastronomischen Sinne wird nur der echte Hirsch, also der Dam- oder Rothirsch bezeichnet. Der „König des Waldes" gilt als das edelste, allerdings nicht schmackhafteste Wildpret. Auf erzgebirgische Art sauer eingelegt, in Rosinen-Mandel-Sauce serviert und klassisch von Rotkohl und Klößen begleitet, ist der Hirschbraten à la Hotel-Gasthof „Rotgiesserhaus" in Oberwiesenthal allerdings eine Delikatesse.

Hirschsauerbraten

1 kg Wildfleisch, z. B. Hirschschulter, für den Sud zum Einlegen benötigen wir 1 große Zwiebel, 3 mittlere Knoblauchzehen, 1 Stange Porree, 1 kleine Sellerieknolle, Soßenkuchen, Petersilie, Lorbeerblätter, 3 bis 4 Nelken, Piment, Wacholder, Pfefferkörner, ein wenig Zucker und Salz.

Die Gewürze mit dem Lauch werden mit 5 l Wasser zum Kochen gebracht. Danach wird der Sud abgekühlt und mit einigen Spritzern Essigessenz versetzt. Das Fleisch wird 3 bis 4 Tage in dieser Beize eingelegt.
Danach das Fleisch gut abtropfen lassen, salzen und pfeffern, mit dünnen Speckscheiben belegen und in der Pfanne von allen Seiten kräftig anbraten. Nach dem Anbraten wird das Fleisch mit der Beize und dem Lauch in einem passenden Topf gegart. Ein Stück Soßenkuchen (im Handel erhältlich) muss im Topf mitköcheln. Dieser gibt dem Wildsauerbraten den Geschmack.
Wenn das Fleisch auf kleiner Flamme gargezogen ist, entnehmen Sie dieses dem Sud und seien den Sud durch ein Sieb. Die so gewonnene Soße wird eventuell noch mit Pfeffer und Salz nachgewürzt und mit saurer Sahne abgebunden.
Dazu reichen wir Grüne Klöße und Apfelrotkohl. Garniert wird der Braten mit einem Birnenfächer und Preiselbeeren. Ein Glas trockener Rotwein darf dabei nicht fehlen.

So wird's gekocht im Hotel-Gasthof „Rotgiesserhaus", Kurort Oberwiesenthal.

Ein erzgebirgisches Wildrevier hieß Sauwald (s. Seite 30). Und auch heute noch sind Wildschweine im Erzgebirge zu Haus. So mancher zieht den Braten vom Wild- dem vom Hausschwein vor, und böhmische Semmelknödel passen bestens dazu. Statt Gemüsebergen gibt es dazu heute Salat.

WILDSCHWEINBRATEN

Wildschweinbraten mit Semmel-knödel und kleinem Salatteller

Dieses festliche Gericht ist für etwa zehn Personen gedacht.

1,5 kg bratfertiges Wildschwein, Butter, Salz, Pfeffer, Thymian, Wacholderbeeren, 200 ml saure Sahne, 2 EL Fleischbrühe, 5 große Brötchen vom Vortag, 2 Eier, 1 Zwiebel, 1 bis $1\frac{1}{2}$ l Milch, Muskat, gehackte Kräuter, Salz.
Salat: 1 Eisbergsalat, Tomaten, Salatgurken, Radieschen, Paprika (gelb), 0,5 l Sahne, Saft von 2 bis 3 Zitronen, Honig.

Fleisch salzen und pfeffern, mit Senf bestreichen, in Butter von beiden Seiten anbraten. Wacholderbeeren und Thymian zugeben, mit Fleischbrühe ablöschen. Alles gut aufkochen lassen, dann 1 Becher saure Sahne dazugeben. Den fertigen Braten aus dem Bräter nehmen, warm stellen, vom entstandenen Bratensaft entsteht unsere leckere Soße, die nur noch abgebunden wird.
Semmelknödel: Brötchen würfeln, Zwiebel fein hacken, 2 Eier, Salz, Muskat (reichlich), gehackte Kräuter und warme Milch, alles gut kneten, Knödel formen, in kochendem Salzwasser ca. 15 Min. ziehen lassen.
Salatteller: Eisbergsalat in Streifen schneiden, Tomate, Gurke, Paprika, Radieschen würfeln, auf Glastellern anrichten.
Dressing: Sahne mit $\frac{1}{2}$ kleingeschnittener Zwiebel und Zitronensaft, gut durchrühren, mit Honig abschmecken. Dressing über den Salat geben. Gut mit Petersilie garnieren.

So wird's gekocht im Gasthof & Pension „Weigmannsdorf", Lichtenberg/OT Weigmannsdorf.

Blini auf Russisch, Flinze im Oberwendischen – die im Erzgebirge und ganz Sachsen so beliebten Plinsen sind slawischen Ursprungs. Die dünnen, flachen Kuchen müssen nicht wie z. B. grüne Klitscher direkt aus der Pfanne serviert werden. Man kann die fertig gebackenen Plinsen in einer bedeckten Terrine oder Kasserolle zum Verzehr bereitstellen. Dann ziehen Zimt, Zucker und Butter ein und verleihen den Plinsen den besonderen Geschmack, der sie von allen anderen Pfannengebäcken unterscheidet. Hier werden sie in Zucker gerollt und mit Früchten gefüllt.

PLINSEN

Arzgebirgische Plinsen, in Zucker gerollt, gefüllt mit Apfelmus und Himbeeren

250 ml Buttermilch, 125 ml Milch, 150 g Mehl, 2 Eier, Salz, 1 Päckchen Vanillezucker. Für die Füllung: Beerenfrüchte und Apfelmus.

Alle Zutaten gut verschlagen. Fett in eine Pfanne geben, eine Kelle voll Teig hineingießen, von beiden Seiten goldgelb backen. Nun mit Beerenfrüchten oder Apfelmus füllen, mit Zucker aufrollen oder die gefüllten Plinsen halb zusammenschlagen, mit Puderzucker übersieben.
In die Mitte kommt eine kleine Sahnerosette. Dort hinein wird eine Himbeere oder Erdbeere und ein Melisseblatt gesetzt.

So wird's gekocht im Hotel „Waldesruh", Lengefeld.

Der Zuckerkuchen ist dem Kartoffelkuchen verwandt, der beim Stollenbacken quasi nebenher anfällt und aus Stollenteig besteht, dem gekochte, geriebene Kartoffeln beigegeben werden. Ihn gibt es freilich nur in der vorweihnachtlichen Backzeit, den köstlichen Zuckerkuchen aber das ganze Jahr.

ZUCKERKUCHEN

Arzgebirgischer Zuckerkuchen

250 g Mehl, 20 g Hefe, 65 ml Milch, 25 g Butter, 30 g Zucker, 1 Prise Salz, 1 Ei, 75 g geriebene gekochte Kartoffeln, Butterflöckchen, Zimtzucker.

Mehl in Rührschüssel geben, Hefe in lauwarmer Milch auflösen, in eine Mehlmulde schütten und mit etwas Mehl zu einem dickflüssigen Teig verrühren. Ca. 25 Min. gehen lassen. Andere Zutaten hinzufügen, mit Knethaken (Küchenmaschine) zu einem glatten, weichen Teig verarbeiten. Nochmals gehen lassen (ca. 25 Min.). Teig kurz durchkneten, ausrollen, rundes Backblech (Ø 30 cm) fetten, Teig gleichmäßig stark hineingeben, mit einer Gabel mehrmals einstechen. Butterflöckchen auflegen und mit Zimtzucker bestreuen. Nochmals gehen lassen. Backtemperatur 210 °C mit Schwaden (Wasser in einem kleinen Gefäß in den Backofen geben), Backzeit 20 bis 25 Minuten.

So wird's gekocht im Hotel „Waldesruh", Lengefeld.

„Knitsch" ist im Erzgebirge etwas Zusammengedrücktes oder auch ein Bündel oder Päckchen. Gelegentlich kann man hören: „Die Beeren sitzen in ganzen Knitscheln am Strauch". Zum Beerenknitsch ist es dann nicht mehr weit. Beeren mit Milch und Zwieback – das weckt Kindheitserinnerungen nicht nur bei älteren Leuten.

BEEREN MIT MILCH UND ZWIEBACK

Beerknitsch

500 g Erdbeeren, Zucker nach Bedarf, ca. 500 ml Milch, Zwieback.

Erdbeeren waschen, mit einer Gabel zerdrücken (=zerknitschen), Zucker zufügen, mit Milch auffüllen. Kurze Zeit stehen lassen.
Knitsch in Schüssel oder auf Suppenteller geben, mit zerbrochenem Zwieback anrichten, sofort servieren. Mit Melisseblättchen garnieren und eine frische Erdbeere in der Mitte.

So wird's gekocht im Hotel „Waldesruh", Lengefeld.

Die Süßspeise Bröselgetzen bekommen Sie nur im Erzgebirge. Schon Merkel-Engelhards „Erd-Beschreibung von Chursachsen" (Leipzig 1804) erwähnt Getzen (auch Gätzen, fälschlicherweise oft Götzen) als Lieblingsspeise der Erzgebirger. Dem Getzen (oberpfälzisch Gätz = Brei) liegt ätzen (= essen machen) zugrunde wie dem Fratz (einem weiteren erzgebirgischen Kartoffelgebäck) fräzen. So jedenfalls weiß es das „Wörterbuch der Sächsischen Mundart" von 1908. Brösel bedeutet nach derselben Quelle Krümchen. In diesem Sinne wird es noch immer in Semmelbrösel gebraucht. Die Kartoffeln werden demnach in die Pfanne „gekrümelt"!

Bröselgetzen

Breeselgetzen mit Butterflocken und Zucker bestreut

250 bis 500 g Salzkartoffeln (möglichst vom Vortag), Butter, Zucker.

Die gekochten Kartoffeln fein reiben, in eine gebutterte Pfanne leicht hineindrücken (wenn die Masse nicht so stark ist, wird's knuspriger!), auf kleiner Flamme den Getzen beidseitig goldgelb backen (beim Wenden das Ausbuttern nicht vergessen!), mit feinem Zucker bestreuen und Butterflöckchen darauf verteilen.
Mit Minze- oder Zitronenmelisseblättchen garnieren.

So wird's gekocht im Historischen Gasthof „Zur Glashütte", Crottendorf.

Das typische Erzgebirgsgericht Getzen gibt es mit verschiedenen Zutaten und in unterschiedlicher Form auf der Basis von geriebenen rohen Kartoffeln oder von Mehl. Buttermilch fällt bei der Verbutterung von Milch oder Sahne an und enthält nur wenig Milchfett, aber alle wichtigen Vitamine und Nährstoffe der Milch. Die Heidel- oder Schwarzbeere ist die Beere des Erzgebirges schlechthin.

Buttermilchgetzen

Buttermilchgetzen un Heidelbeerkompott

1,5 kg Kartoffeln, Zwiebel, Salz, Pfeffer, Kümmel, $\frac{1}{2}$ l Buttermilch, 250 g Speck, Heidelbeerkompott.

1,5 kg rohe geschälte Kartoffeln reiben, leicht ausdrücken, mit gehackter Zwiebel, Salz und Pfeffer sowie reichlich gestoßenem Kümmel und $\frac{1}{2}$ l Buttermilch mischen, danach 250 g Speck auslassen, die Hälfte mit in die Kartoffelmasse geben, alles in eine gefettete Pfanne geben, die andere Hälfte ausgelassenen Speck obenauf geben, im Backofen goldbraun backen. Zu größeren Stücken auf Tellern anrichten und dazu Heidelbeerkompott reichen. Buttermilchgetzen rustikal mit einheimischen Kräutern garnieren.

So wird's gekocht in der „Anton-Günther-Schenke", Thermalbad Wiesenbad/OT Schönfeld.

Dalken bezeichnete ursprünglich eine schwerflüssige, zähe Masse. Die Bedeutung wurde auf das fertige Gebäck übertragen. Dalken sind typisch für die Erzgebirgsregion um Seiffen. Hier haben sie auch eine symbolische Bedeutung: Aus der Erde kamen das Erz und die Kartoffel, vom Himmel das Licht und der Apfel. Beides brauchte der Bergmann zum Leben und Überleben.

Kartoffelgebäck aus der Pfanne

Dalken
mit Apfelmus

1,5 kg rohe Kartoffeln, 500 g gekochte Kartoffeln, 300 g Quark, 1 Zwiebel, 2 Eier, Salz, Kümmel, Öl und Leinöl. Apfelmus je nach Jahreszeit frisch oder aus dem Glas.

Die Kartoffeln reiben und mit dem Quark, den Eiern und der fein gehackten Zwiebel vermengen. Die Masse mit Salz und Kümmel abschmecken. Öl und Leinöl zu gleichen Teilen in einer Pfanne erhitzen, den Teig löffelweise hineingeben und auf beiden Seiten goldgelb backen.
Mit frischen Apfelspalten auf einem Teller anrichten, Apfelmus in einer Schüssel dazu reichen.

So wird's gekocht im Flair Hotel „Seiffener Hof", Seiffen.

„Hopsasa, stirbt mei Fraa, nehm ich mir ne ann're, nehm ich mir die Becken Ros, bäckt sie mir en Hefenkloß". Lieder wie dieses aus der Gegend von Kirchberg (um 1900) zeigen, wie populär diese besondere Sorte von Klößen im Erzgebirge war und wohl noch ist. Die klassische Form – mit Heidelbeeren serviert – verträgt die Ergänzung durch eine Kugel Eis gut. Als Hauptgericht oder Nachtisch geeignet.

Hefeklöße mit Heidelbeeren und einer Kugel Eis

500 g Mehl, Salz, $\frac{1}{4}$ l Milch, 30 g Hefe, 10 g Zucker, 50 g Margarine, 2 l Salzwasser, Heidelbeerkompott (frisch gekocht oder aus dem Glas), 4 Kugeln Vanilleeis.

Das Mehl sieben, Salz zugeben. Lauwarme Milch, Hefe und Zucker verquirlen, die zerlassene Margarine zu dem Mehl geben und den Teig tüchtig schlagen. Eine Stunde, warm gestellt, gehen lassen, noch einmal gut durcharbeiten. 12 Klöße formen, auf ein mehlbestäubtes Brett legen und, mit einem Tuch bedeckt, gehen lassen, bis die Oberhaut straff geworden ist. Die Klöße entweder in siedendem Salzwasser 10 Min. kochen und 5 Min. ziehen lassen oder dämpfen. Dazu über den mit siedendem Wasser gefüllten Kloßtopf ein Tuch spannen, ringsum festbinden, die Klöße darauflegen, mit einer Schüssel bedecken, 15 Min. dämpfen und noch 5 Min. ziehen lassen.
Die Klöße mit zwei Gabeln etwas aufreißen. Servieren mit zerlassener Butter, Heidelbeerkompott und Vanilleeis.

Tipp, wenn's schnell gehen soll: Fertige Hefeklöße aus der Tiefkühltruhe verwenden.

So wird's gekocht im Historischen Gasthof „Zur Glashütte", Crottendorf.

Ein weiteres Beispiel für die vielen Zubereitungsarten der typisch erzgebirgischen Getzen, dazu Heidelbeeren als die Beere des Erzgebirges. Als Hauptgericht beliebt und auch als Nachtisch geeignet.

HEIDELBEERGETZEN

Dr Heidelbeergetzen darf net fahln

$^1/_2$ l Milch, 250 g Mehl, 2 Eier, Bratfett, Salz, Zucker, 1 Messerspitze Backpulver, Heidelbeeren, Puderzucker.

Aus den Zutaten einen Eierkuchenteig bereiten. Diesen in einen mit Bratfett erhitzten Tiegel geben und mit den abgetropften Heidelbeeren bestreuen. Anschließend im Backofen goldgelb herausbacken.
Mit Puderzucker bestreuen.

So wird's gekocht im Landhotel & Gasthof „Günsdorf", Zwönitz/OT Günsdorf.

Beileibe nicht jede erzgebirgische Spezialität gibt es auch im übrigen Sachsenland. Quarkkäulchen oder Quarkkeulchen (beide Schreibweisen kommen vor) freilich muss sich das Erzgebirge mit dem übrigen Sachsen teilen. Böhmisch heißen sie Kulka, also ist nicht auszuschließen, dass es sich um einen Import aus dem südlichen Nachbarland handelt. Weitgehend verschwunden ist das Wort Käulchen als Bezeichnung für die runden grünen Früchte der Kartoffelpflanze. Die waren mindestens bis 1900 ein beliebtes Spielzeug, das schon bei Luther erwähnt wird. Knaben steckten sie an die Spitzen von Ruten und schnellten sie fort. Daher wurden sie auch Apernschneller oder Schnellkäulchen genannt.

Quarkkäulchen

Quarkkeulchen mit eweng Zucker un Zimt

500 g in der Schale gekochte Kartoffeln, 375 g Quark, 150 g Mehl, 65 g Zucker, 2 Eier, Salz, Rosinen (können auch, je nach Geschmack, weggelassen werden).

Die am Vortag gekochten Kartoffeln schälen und reiben. Danach mit dem Quark, Mehl, Zucker, Salz und Eiern zu einem Teig verkneten. Dabei darf dieser nicht zu feucht sein, sonst noch Mehl zugeben. Zuletzt die Rosinen untermengen.
Eine Rolle formen und ca. 1,5 cm dicke Scheiben herunterschneiden. Diese in Mehl wälzen und im Bratfett auf beiden Seiten goldgelb braten.
Die Quarkkeulchen mit Zimt und Zucker bestreuen oder Kompott dazu auftragen.

So wird's gekocht im Landhotel & Gasthof „Günsdorf", Zwönitz/OT Günsdorf.

In fast keiner der vielen schriftlich oder in Familien mündlich überlieferten Zusammenstellungen der geheimnisumwitterten weihnachtlichen Festspeise „Neunerlei" fehlt sie, die Semmelmilch. Und nur im Erzgebirge hat es sich erhalten, das Neunerlei. Jede der aufgetragenen Speisen hat eine symbolische Bedeutung. Der Semmelmilch wird u. a. zugeschrieben, dass sie Schönheit verleiht und die Klöppelspitzen weiß bleiben lässt. Oft beginnt oder schließt das Mahl mit der Semmelmilch. Werden Nüsse hinzugefügt, so bedeuten sie keimendes Leben. Eine enge kulinarische Verwandtschaft besteht mit den niederschlesischen „Mohnklißla" – in Milch eingeweichten Semmeln mit Mohn.

Semmelmilch

Semmelmillich mit Schwarzbeer und Nusseln

Leicht gesüßtes Milchbrot oder leicht geröstetes, gewürfeltes Weißbrot, Heidelbeeren, Milch, gehackte Haselnüsse oder Walnüsse.

Brot gewürfelt auf einen Suppenteller geben, daneben 1 vollen EL Heidelbeeren. Über beides werden die gehackten Nüsse gestreut (etwa 1 Kaffeelöffel). In einer Glaskanne wird pro Portion etwa 200 ml lauwarme, leicht gesüßte Milch gereicht, die sich der Gast dann selbst über die Brotwürfel und die Heidelbeeren gießt.

So wird's gekocht im Hotel „Waldesruh", Lengefeld.

In keinem Erzgebirgshaushalt fehlt der Weihnachtsstollen. Die hierzulande gebräuchliche Form ist die des „gerissenen" Stollens, der in seiner ganzen Länge aufgeschnitten ist. So wurde er auch am sächsischen Hof verzehrt und nicht in der in Dresden üblichen geschlagenen Form mit dem erhöhten Kamm über die ganze Länge. Welch glückliche Idee eines erzgebirgischen Gastronomen, ein elegantes Stollenparfait zu kreieren.

STOLLENPARFAIT

Stollenparfait auf Vanille-soßenspiegel mit gezuckerten Preiselbeeren

100 g Karamell, 500 ml Sahne, 1 Ei, 3 Eigelb, je 25 g Korinthen, Rosinen, gewürfeltes Orangeat und Zitronat sowie gehobelte Mandeln, $1/2$ TL Lebkuchengewürz, etwas Zitroback, Orangenback, Rum, etwas Puderzucker und Kakao zum Bestäuben, Vanillesoße, karamellisierte Mandeln, evtl. Rosinen, Orangeat und Succade.

Ei und Eigelb mit dem Karamel im Wasserbad zu einer dicklich-schaumigen Masse aufschlagen, auf Eis stellen und abkühlen. Sahne steifschlagen, Lebkuchengewürz zur Eiermasse geben, Sahne unterheben, nun alle Stollenzutaten vorsichtig unterheben. Eine halbrunde Parfaitform mit Klarsichtfolie auslegen, Masse einfüllen und gefrieren lassen. Stürzen, mit Puderzucker und Kakao bestäuben, in Scheiben schneiden.
Anrichten auf einem dunklen Teller. Parfaitscheibe auf Vanillesoßenspiegel legen, mit kleiner Sahnerosette verzieren und mit karamellisierten Mandeln, Rosinen sowie einem Melisseblatt garnieren.

So wird's gekocht im Hotel „Waldesruh", Lengefeld.

Vom lieben Essen im Erzgebirge

Im Erzgebirge werden Traditionen besonders liebevoll gepflegt und über Generationen hinweg bewahrt. Das trifft auch für die erzgebirgische Küche zu. Sie umfasst viele Gerichte, die man in dieser Form nur im Erzgebirge kennt.

Die erzgebirgische Gastronomie bietet diese traditionellen Gerichte in erfreulicher Vielfalt und nach modernen Rezepten gekocht an. 16 Gastwirtinnen und Gastwirte aus dem Erzgebirge haben die 40 Rezepte zur Verfügung gestellt, die in diesem Buch versammelt sind und einen Querschnitt durch die erzgebirgische Küche bieten. Ihnen sei an dieser Stelle besonders gedankt.

Zwar kann man generell von einer eigenständigen erzgebirgischen Regionalküche sprechen, doch kennt auch diese wieder teilregionale und lokale Unterschiede bis hin zu mundartlich unterschiedlichen Bezeichnungen für gleiche oder ähnliche Gerichte. Denn auch das Erzgebirge hat keine einheitliche Mundart, sondern ist in verschiedene Mundartlandschaften gegliedert (s. Heinold/Paulsen, Erzgebirgisches Weihnachts-ABC, 2. Aufl. Husum 2004).

Wer einen Blick zurück werfen möchte, für den sind die folgenden Auszüge bestimmt. Sie stammen aus dem Aufsatz „Vom lieben Essen im Gebirge", den Professor Dr. Curt Müller-Löbau (1870–1931) in den Jahren 1919 und 1920 in zwei Folgen in den „Mitteilungen des Vereins für Sächsische Volkskunde und Volkskunst" unter dem Titel „Vom lieben Essen im Gebirge" veröffentlichte. Wir begegnen darin vielen Gerichten, die noch heute auf vielen erzgebirgischen Speisekarten und vor allem auch auf häuslichen Speisezetteln stehen.

.. Was aß man nun früher im Gebirge? John (Aberglaube, Sitte und Brauch im sächs. Erzgebirge S. 32 f) veröffentlicht zwei Speisezettel, die die Volksernährung im Erzgebirge gut kennzeichnen, der eine entstammt den 50er Jahren des 19. Jahrhunderts, der andere den 90er Jahren. Sonntags: Sauerkraut mit Schweinfleisch. Montags usw.: Saure Kartoffeln oder Milchreis oder Milchhirse. Hafergrütze (Reis, Hirse) oder Kartoffelmus mit Wurst. Gemüse, meist Bohnen, mit Fleisch, Kartoffelmus mit Wurst. Mehlbrei oder Kartoffelgetzen. Ganze Kartoffeln mit Quark, Fett oder Butter. Im Sommer kam mehr grünes Gemüse zur Anwendung. Vierzig Jahre später erscheint die Bauernkost durch mehr Fleischspeisen wesentlich bereichert: Montags und folgende Tage: Kartoffelmus mit Wurst. Kartoffelstückchen mit Rindfleisch. Kartoffeln mit Sauerkraut. Klöße mit gekochtem Schweinefleisch. Salzkartoffeln mit Schweinefleisch. Kartoffeln mit Hering. Klöße mit Schweinebraten. Sicher in beiden Fällen eine nahrhafte Kost, die auch im Bauernhaushalt des Niederlandes nicht viel reichlicher gewesen sein wird. Zu diesen doch trotz des überwiegenden Kartoffelanteils nicht zu kärglichen Speisefolgen wollen die früheren Klagen über die unzureichenden Ernährungsverhältnisse im Gebirge nicht recht passen, galt doch früher bis in die 70er Jahre des 19. Jahrhunderts hinein das Erzgebirge nicht nur als „sächsisches Sibirien", sondern ebenso unberechtigterweise als schlimmste Armutei. Hier sollten nach mancherlei Berichten die Leute fast nur mit Kartoffeln und Kaffee oder Cichorie, Heringslake, Salz und Leinöl ihr Leben kümmerlich fristen. Gewiss muss man zugeben, dass die in alter Heimindustrie beschäftigte überreiche Bevölkerung des Obererzgebirges seit dem Rückgang des einst ergiebigen Bergbaues ebenso ärmlich gelebt hat wie die Bewohner der gleich übervölkerten Gebiete des Lausitzer Berglands, der Sudetenzüge, Thüringens, der Rhön usw., aber schlimmer sind die Verhältnisse wohl auch nicht gewesen. Zu den übertreibenden Urteilen mag wohl der schlimme Eindruck mit beigetragen haben, den die letzte wirkliche Hungersnot im Erzgebirge vom Winter 1846/47 bis ins Jahr 1847 hinein machte. Kein Geringerer als der bekannte liberale Volkstribun Robert Blum ist es ja gewesen, der damals in einem „Album fürs Erzgebirge" (1847 in Leipzig erschienen) herzzerreißende Bilder von der hier herrschenden Not entwarf ...

Süßmilch-Hörnig führt in seinem gehaltvollen Werk über das Erzgebirge mehrere Stimmen aus älterer Zeit an, die zwar auch die Ernährungsweise des Erzgebirgers für gering und unzureichend erachten, die aber doch nicht ganz so krasse und entsetzliche Beobachtungen gemacht haben wie Robert Blum. So schreibt nach ihm M. Christian Lehmann in seinem „Historischen Schauplatz" S. 918, und zwar von der Zeit nach dem verheerenden 30-jährigen Kriege: „An etlichen Orten wächst wenig Getreide außer Haber, daraus sich die Inwohner Haberbrod, Habergrütz, Habersuppen, Haberbier (so schlecht) bereiten und sich dabei wohlbefinden, stark und lebhafft werden. Es giebt alte Wald- und Dorfleute, die sich von Jugend auf an die Milchspeisen gewöhnt, Schotten (= Molke) und Buttermilch zu ihrer Notdurft getrunken und ein hohes Alter erreichet."

Von den Verhältnissen am Ende des 18. Jahrhunderts schreibt ein Gewährsmann (Merkel, nach Süßmilch-Hörnig, S. 138 f.): „Die Kost kann nicht einfacher sein. Neben dem dürftigen Brot, das nicht allein aus Korn, sondern, wenn auch selten, auch aus Gerste, Hafer, oder aus allen dreien Getreidearten gebacken wird, bildet die Kartoffel die Hauptspeise. Sie erscheint fast bei jeder Mahlzeit auf dem Tische und wird gewöhnlich mit Salz (früher auch mit Leinöl, das übrigens für viele Speisen die Zukost ist), und wenns hoch kommt, mit Hering genossen. Aus der Kartoffel bereiten die Erzgebirger auch ihre Lieblingsspeise, den Götzen, auch Stampen, Bambas oder Rauhemahd genannt. Milch- oder Mehlsuppe, Grütze und verschiedene Qualitäten von Brei kommen häufiger auf den Tisch. Klöße sind ein Leckerbissen (besonders Mehlklöße). Das Lieblingsgetränk des Gebirgers ist und bleibt Kaffee. Er wird allerdings meist ganz oder fast ganz aus Cichorie, Möhren, Gerste u. dergl. gebraut." Unmittelbar nach dem Hungerjahr 1817 spricht sich Mosch folgendermaßen aus: „In Hinsicht der Lebensmittel herrscht in allen Gebirgsgegenden eine große Einfachheit, die größte aber im Erzgebirge. Korn mit Gerste und Hafer vermischt, oder auch Hafer allein, gibt ihnen Brod, das durch herrlichste Gebirgsbutter spärlich gewürzt, ihre vorzüglichste Kost ist. Bei größerer Theuerung und bei Sperrung Böhmens sind diese Gebirgsbewohner genöthigt, sich einzig an die Erdäpfel zu halten, welche als ihr Manna betrachtet werden können. Überhaupt genießt man deren, solange sie sich halten, täglich und weiß sie auf die mannigfaltigste Weise wohlschmeckend zuzubereiten ... Fleisch wird, den Sonntag ausgenommen, nur selten gegessen ... Als Gemüse ißt man stark die im Gebirge häufig wachsende wilde, gemeine Melde. Auch genießt man viel Pilze und Schwämme, die in den feuchten Bergwäldern wohl gerathen und vorzüglich die in ungeheuerer Menge wachsenden Heidel- und Preißelbeeren ... Eine Lieblingsspeise sind die Götzen und Hefenklöße, eine besondere Art Eierkuchen, die in der Pfanne gebacken werden ... Bier und Branntwein gebraucht man nur wenig, und dann nur Sonntags."

Süßmilch-Hörnig weist die übertriebenen Darstellungen des erzgebirgischen Nahrungselends als unberechtigt zurück und meint, die überall herumziehenden Händler und Hausierer aus dem Gebirge hätten zu diesen Übertreibungen beigetragen, indem sie absichtlich Erscheinungen, die nur in besonders dürftigen Zeiten, den Hungerjahren, zutage traten, verallgemeinert hätten, um Mitleid zu erregen und die Leute zum Kaufen zu veranlassen. Im Großen und Ganzen lebte man nach Süßmilch-Hörnig im Gebirge nicht schlechter oder wenigstens nicht viel schlechter als im Niederlande, wenn man auch selten Fleisch aß. Dicke mehlreiche Breispeisen, dicke Suppen waren neben Kartoffeln vorwiegend in Gebrauch. Die Verhältnisse seiner eignen Zeit (also der 70 und 80er Jahre des 19. Jahrh.) stellt dieser ausgezeichnete Kenner des Erzgebirges folgendermaßen dar (S. 139 f.): „Fleisch wird von allen Familien wenigstens des Sonntags gegessen, auch ein oder mehrer Male Wurst im Laufe der Woche, wenn die Erwerbsverhältnisse nicht gerade sehr ungünstige sind. Man genießt vorwiegend Schweinefleisch, mindestens dreimal mehr als Rindfleisch. Wo möglich wird ein Schwein aufgefüttert, um es im Winter zu schlachten, oder auch eine Ziege, welche möglichst lange als Melkvieh ausgenutzt wird. Da wird auch einmal im Jahre ‚ein Zickel' geschlachtet. Milch wird zu Suppe und Mus verwendet, sowie zur Veredelung der überall gebräuchlichen Kaffeesurrogate. ‚Eitel Kaffee' kann nur ein verwöhnter Niederländer trinken. Butter, Käse, vor allem Quark werden stark verbraucht, an Stelle der ersteren aber auch Schmeer und Schweinefett. In der neuesten Zeit haben auch die verschiedenen Arten von Kunstbutter Verbreitung gefunden, während der Verbrauch des früher so vielfach verwendeten Leinöls bedeutend abgenommen hat. Die Kartoffel bildet die Hauptspeise der großen Menge der Gebirgsbewohner; aber sie wird in allerhand verschiedenen Zubereitungen auf den Tisch gebracht. Sie wird im Ganzen, in Stücken oder in Scheiben gekocht, geröstet, gebraten, roh oder gekocht zerrieben oder zerquetscht. Man bereitet aus ihnen Suppe, Mus, Pamps, Götzen, Klöße usw. Die *Kartoffelsuppe* wird mit Zwiebeln, Sellerie oder Speck gewürzt. *Kartoffelmus* mit Speckgriefen gefettet, zuweilen gebacken. *Kartoffelstückchen* werden mit Rind- oder Schöpsenfleisch gekocht oder mit braunem Mehl und Essig als saure Kartoffeln zubereitet. Aus rohen oder aus gekochten, geriebenen Kartoffeln, mit einem Zusatz von Mehl oder geriebener Semmel macht man *Klöße*; doch ißt man auch *Mehlklöße, Semmelklöße* und *Speckklöße* mit Vorliebe. Besonders beliebt ist *Kartoffelpamps* oder *Pfanne*, wo die gekochten, reichlich geschmalzten Kartoffeln mit dem Holzlöffel zerdrückt und in der Pfanne gebacken werden. Der höchste der Genüsse sind die ‚*Götzen*', ein Backwerk von Mehl, Milch, Eiern, mit Butter, Leinöl oder Schmalz." Dass die Kartoffeln, die Erdäpfel, tatsächlich neben dem Brote die Grundlagen der Erzgebirgskost und auch heute noch bilden, erkennt man schon aus den verschiedenen volkstümlichen Namen für die mannigfaltigen „Ardäppelgerichte": *Backs* (Lockerkloß aus gekochter und geriebener Kartoffel mit etwas Salz, Mehl und Butter im Tiegel gebacken), *Pamps* (jeder dicke Brei, auch Kartoffelbrei), *Pampus* (Gebäck, ähnlich wie Backs), *Blinsen* (dünne flache Kuchen, meist auch aus Kartoffelmehl, von oberwendisch und russ. blinec = Pfannkuchen), Getzen oder Gätzen (aus geriebenen rohen Kartoffeln, Erdäppelgetzen, oder aus Mehl, Mahlgetzen, Eiern, Eiergetzen, auch mit Kirschen, Kirschgetzen. Das Wort hat nichts mit „Götze" zu tun, sondern hängt mit „ätzen" = essen machen zusammen), *Latschen* (Kartoffelkäulchen aus rohen Kartoffeln), *Fratzen* (geriebene Kartoffeln, locker im Tiegel mit Butter gebraten). „Wenns Bambes gibt und rauche Maad, da werd fei orntlich schlampampt" heißt es bei Montanus (Gangstücke aus dem Erzgebirge S. 93). Die beliebte „Rauchemaat", auch „nackte Maat" ist ein Gebäck aus geriebenen oder gequetschten Kartoffeln (Mehl), Salz und Butter (Fett oder Öl), sie ähnelt nach dem Gebrauch in Altenhain bei Chemnitz den ähnlich benannten Kartoffelgerichten „Kalter Maa" und „Warme Fraa". Es ist ja überhaupt bezeichnend, dass unsre Volkssprache die Speisen gern als lebende Wesen auffaßt und bezeichnet, so auch in den *Armen Rittern*, einer Art Kartoffelkäulchen, die ihren Weg selbst in vornehmere Kochbücher gefunden haben ... Es gibt gewiss in vielen Gebirgsorten außer den genannten allgemeinen Bezeichnungen für Kartoffelgerichte oder -gebäcke noch manchen bodenständigen ortsüblichen Ausdruck, wie sie mir im Heimatort meines Geschlechts, in Altenhain bei Chemnitz, entgegengetreten sind, z. B. „Wasserbums" für eine Art „Gätzn", „Fitzfedenbrei", „Rimsremsln", d. s. Bratkartoffeln, „Stopper", „Klitscher" in ähnlicher Bedeutung wie „Fratzn" und „Latschen". Gar mancher Gebirgler verdankt seinen „Ardeppelranzen", hochdeutsch Kartoffelbauch, nicht nur diesen so verschiedenartigen Gerichten der wohltätigen „indianischen Knollen", das Beste haben wir uns ja als Letztes aufgehoben, die „Kließ" in ihren verschiedenen Spielarten, wenn auch vielleicht sich die besondere Vorliebe für diese mehr im westlichen Erzgebirge nach dem Vogtlande zu feststellen ließe. Nicht alle, aber doch die meisten Kloßsorten haben Beziehungen zur Kartoffel, besonders aber die „grünen Klöße" oder „Grigenifffte", die „der ärmste Mensch in der Woche essen kann", selbst wenn es „nur" *Pökelbraten* und nicht wie zur festlichen Weihnachtszeit *Gänsebraten* dazu gibt.

Sächsische Back-Rezepte

Jürgen Helfricht

**Sächsisches
Spezialitäten-Backbuch**

Schlemmer-Rezepte von Dr. Quendt

141 Seiten, zahlreiche farbige
Abbildungen, gebunden,
Format 14,8 x 14,8 cm

(ISBN 3-89876-230-0)

Der weltberühmte Dresdner Christstollen, die unvergleichlichen Leipziger
Lerchen, Pulsnitzer Pfefferkuchen, Russisch Brot oder Luisentorte – nur
einige von Dutzenden Torten- und Gebäckspezialitäten, die Sachsen
zum süßen Herzen Deutschlands machen. Erstmals stellt dieses Buch die
Geheimnisse der 51 berühmtesten Spezialitäten aus dem Sachsenland
vor, laden prächtig illustrierte Rezepte zum Nachbacken, Probieren und
Naschen ein. Anekdotenreich gewürzte Texte lassen die Geschichte des
edlen Naschwerks lebendig werden, gestatten Einblicke in die Backstuben
vergangener und heutiger Tage.

Verlagsgruppe Husum · Postfach 1480 · 25804 Husum
www.verlagsgruppe.de

Husum Verlag